IM GARTEN GOTTES

WERNER RICHNER

IM GARTEN GOTTES

SCHÖNHEIT UND GEHEIMNIS ALTER KLOSTERGÄRTEN

HERDER FREIBURG · BASEL · WIEN

Inhalt

LAUDES

Gelobt seist Du, mein Herr, mit allen Deinen Geschöpfen,
vornehmlich mit der edlen Herrin Schwester Sonne,
die uns den Tag schenkt durch ihr Licht.
Und schön ist sie und strahlend in großem Glanze:
Dein Sinnbild, Höchster!

Franz von Assisi

Ihr sollt wissen, daß all unsere Vollkommenheit und all
unsere Seligkeit darin liegen, daß der Mensch durch und über
alles Geschaffene und Zeitliche und alles Wesen hinausgehe
und in den Grund steige, der ohne Grund ist.

Meister Eckhart

Also soll der Mensch mit großem Fleiß sich selber umgraben
und in seinen Grund sehen.

Johannes Tauler

Geht aber der helle Morgenstern auf mitten in meiner Seele, so ist alles Leid verschwunden, alle Finsternis gelichtet, der Himmel wird hell und heiter, und mein Herz lacht; es freuen sich Sinn und Seele in mir; mir ist es so recht festlich zumute, und alles, was an mir und in mir ist, wird zu einem Lobe für dich. Was schwer, mühsam, unmöglich war, wird leicht und angenehm: Fasten, Wachen, Beten, Leiden, Meiden und alles Strenge in der Lebenshaltung wird zu nichts in Deiner Gegenwart. Gar manche Kühnheit kommt mich an, die mir in der Verlassenheit gefehlt hat. Die Seele wird so mit Klarheit, Wahrheit, Freundlichkeit durchtränkt, daß sie alle Mühsal vergißt. Ich kann frommen Herzens ohne Mühe betrachten, die Zunge voll Selbstbewußtsein sprechen, der Leib alles behende anpacken, und wer nur sucht, findet für all das, was er begehrt, klugen Rat. Mir ist dann, als wäre ich über Raum und Zeit hinausgewachsen und stünde in dem Vorhof ewiger Seligkeit. Ach, Herr, wer verleiht mir (dieses Zustandes) Dauer? Denn geschwind in einem Augenblick ist es vorbei, und ich stehe da, bloß und verlassen, zuweilen beinahe so, als ob ich jenes Glück nie erlebt hätte, bis es dann nach schwerer Herzensnot sich wieder einstellt.

Heinrich Seuse

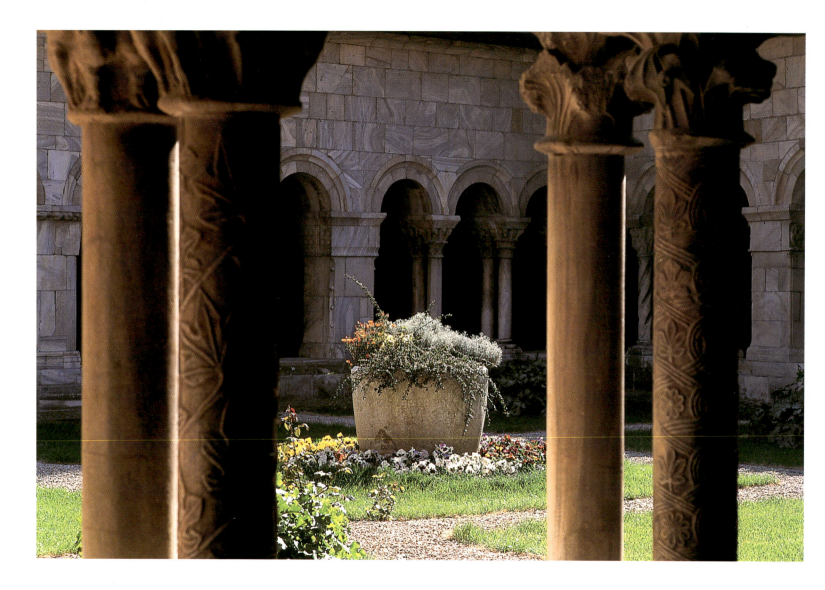

Sei gelobt, mein Herr, durch unsere Schwester,
die Mutter Erde, die uns versorgt und nährt
und zeitigt allerlei Früchte und farbige Blumen und Gras.

Franz von Assisi

Schließlich besprengt bisweilen ein Frühlingsregen die junge Saat, und wechselnd erquickt der schmeichelnde Mondschein der Blätter zartes Gefieder. Andererseits, wenn trockene Zeiten weigerten etwa den Segen des Taus, dann trieben mich eifrig Liebe zum Garten und Sorge, daß nicht die fasrigen, kleinen Wurzeln erschlafften vor Durst, in geräumigen Krügen zu schleppen Ströme erfrischenden Wassers und tropfenweise zu gießen aus den eigenen Händen, damit nicht in heftigem Schwalle allzu reichliche Fluten verschwemmten die keimenden Saaten. Alsbald kleidet sich nun mit den zartesten Keimen das ganze Gärtchen, und wenn auch ein Teil seiner Beete unter dem hohen Dache, Regen und Tau entbehrend, verstaubt und verschmachtet, und wenn ein anderer Teil in dauerndem Schatten die Sonne flieht und vermißt, weil hindernd zur Seite hoch eine Wand den Zugang des feurigen Himmelsgestirnes ihm neidisch verweigert – gleichwohl hat doch mein Garten von dem, was man einst ihm vertraute, nichts ohne Hoffnung auf Wachstum untätig im Boden verschlossen. Nein, er hat, was er beinah vertrocknet empfing, in gehöhlte Gruben versetzt, mir erstattet voll wiedererwachender Grüne, vielfach vermehrt in zahlreicher Frucht die Aussaat belohnend. Nun braucht es Dichtertalent, Erkenntnis und Schönheit der Rede, um zu verkünden die Namen und Kräfte so reichlicher Ernte, daß auch das Kleine dadurch mit hoher Ehre sich schmücke.

Walahfrid Strabo

ANGELUS

Die Ros ist ohn Warum,
sie blühet, weil sie blühet,
sie acht nicht ihrer selbst,
fragt nicht, ob man sie siehet.

Angelus Silesius

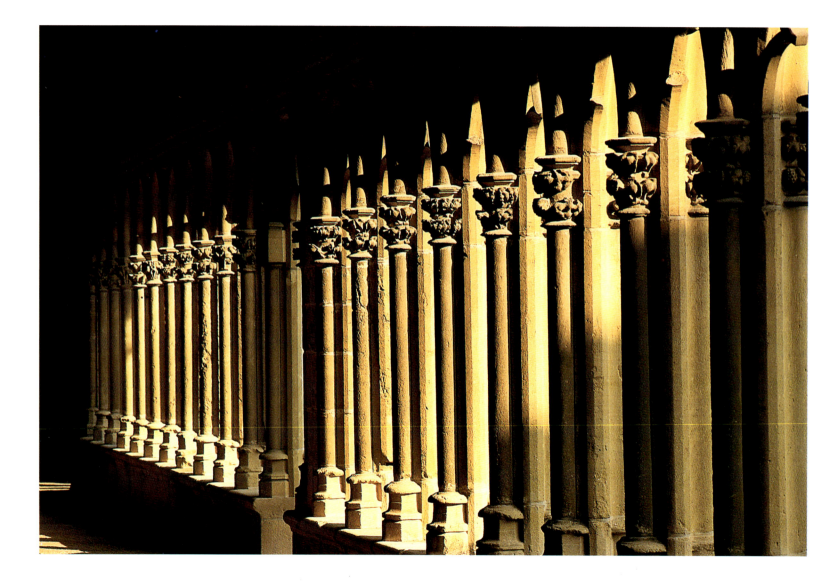

Ich möchte ein Gleichnis benutzen, wenn ich auch nicht mehr weiß, woher ich es habe. Wer mit dem geistlichen Leben beginnt, ist wie jemand, der einen Garten anlegen will, damit sich der Herr darin ergehen kann. Sein Grundstück ist wild und voller Unkraut. Seine Majestät selbst rodet es und setzt schöne Pflanzen ein. Dann aber müssen wir uns bemühen, mit der Hilfe Gottes selbst gute Gärtner zu werden und die Pflanzen regelmäßig begießen, damit sie nicht vertrocknen, sondern wachsen, blühen und herrlich duften, damit sich unser Herr daran erfreue. So wird er oft in unseren Garten kommen und sich zwischen den Blumen der Tugend ergehen.

Überlegen wir nun, wie wir den Garten bewässern können. Ich meine, da gibt es vier Arten: Erstens kann man das Wasser in einem Gefäß selbst aus dem Brunnen emporziehen, was eine große Mühe ist. Zweitens kann man sich eines Schöpfrades bedienen, wie ich es manchmal tat; das ist schon weniger anstrengend, und man hat mehr Wasser. Drittens kann man es aus einem Fluß oder Bach ableiten; das ist sehr viel wirkungsvoller, denn die Erde wird besser durchtränkt, und man muß nicht zu häufig bewässern, so daß dem Gärtner viel Arbeit abgenommen ist. Viertens, wir müssen überhaupt nichts mehr tun, weil der Herr es kräftig regnen läßt; und das ist unvergleichlich viel besser als alles Vorhergenannte.

Teresa von Avila

Alles besteht aus Wasser, das Wasser bringt Pflanzen und Tiere hervor, das Wasser kommt im Regen vom Himmel herab. In einer einzigen Form kommt es zwar herab, auf verschiedene Art aber wirkt es. Ein und dieselbe Quelle ist es zwar, welche den ganzen Garten bewässert, und ein und derselbe Regen ist es, welcher auf die ganze Welt herabkommt. Aber weiß wird er in der Lilie, rot in der Rose, dunkelgelb in den Levkoien und Hyazinthen; in bunter Verschiedenheit zeigt er sich in den verschiedenartigen Dingen. Anders ist er in der Palme, anders im Weinstock. In allem ist er alles, obwohl er nur von einer Art und in sich selbst nicht verschieden ist. Nicht ändert sich der Regen und kommt bald so, bald anders hernieder, sondern er richtet sich nach der Beschaffenheit der Dinge, die ihn aufnehmen, und wird für das einzelne Ding das, was ihm entspricht.

Kyrill von Jerusalem

Der Schöpfer ist mit Seiner Schöpfung im Bunde, wenn Er die grünende Lebensfrische und die fruchtbare Lebenskraft eingießt. Ganz schwarz würde die Schöpfung werden, wenn sie sich in irgendeiner Verpflichtung dem göttlichen Geheiß entziehen wollte; wohlgebildet aber erblüht sie, solange sie in der rechten Verbindlichkeit ihren Aufgaben nachkommt. Nur so allein bleibt in jeder Lage das Leben verantwortlich, und es gedeiht ein guter Ruf, weil alle Bedürfnisse wohl durchdacht und rechtgeordnet befriedigt werden.

Hildegard von Bingen

VESPER

Es gibt kein Geschöpf, das nicht irgendeinen Strahl hätte,
sei es das Grün oder der Samen, die Blüten oder die Schönheit,
sonst wäre es kein Geschöpf.

Hildegard von Bingen

Die Meditation verfährt wie jemand, der eine Nelke, eine Rose, Rosmarin, Thymian, Jasmin, eine Orangenblüte einzeln, eine Blume nach der anderen riecht. Die Kontemplation gleicht jemand, der ein Parfüm riecht, das aus all diesen Blumen besteht; in einer einzigen Empfindung nimmt er die einsgewordenen Düfte auf, die der andere gesondert und getrennt empfunden hatte. Zweifellos ist dieser einsgewordene Duft, der aus der Mischung all dieser Düfte besteht, für sich allein genommen süßer und kostbarer als die einzelnen Düfte, aus denen er zusammengesetzt ist ...

Franz von Sales

Um zu erlangen, alles zu genießen, suche in nichts Genuß.
Um zu erlangen, alles zu besitzen, suche in nichts etwas zu besitzen.
Um zu erlangen, alles zu sein, suche in nichts etwas zu sein.
Um zu erlangen, alles zu wissen, suche in nichts etwas zu wissen.
Um zu erlangen, was du nicht verkostest, geh dorthin, wo du nichts verkostest.
Um zu erlangen, was du nicht weißt, geh dorthin, wo du nichts weißt.
Um zu erlangen, was du nicht besitzest, geh dorthin, wo du nichts besitzest.
Um zu werden, was du nicht bist, geh hin, wo du nichts bist.

Johannes vom Kreuz

Gott erhält den Bestand der Welt durch dauernden Wechsel: der Tag wird zur Nacht, der Frühling zum Sommer, der Sommer zum Herbst, der Winter zum Frühling, und ein Tag gleicht niemals in allem dem anderen, es gibt neblige Tage, regnerische, trockene, windige, eine Abwechslung, die dem All eine große Schönheit verleiht. Ebenso steht es mit dem Menschen, der – wie die Alten sagen – ein Abbild der Welt im Kleinen ist.

Franz von Sales

COMPLET

Wer niemals das Licht geschaut hat,
der hat auch keine Ahnung davon,
wie tief die Finsternis sein kann.

Isaak von Stella

Du sollst nicht gedenken, daß dich Gott durch ein Wunder gerecht machen will. Wenn Gott in der strengen Winter-kälte eine schöne Rose aufgehen lassen wollte, so vermöchte er's gar wohl, aber er tut es nicht, denn er will, daß es ordentlich geschehe im Mai, durch Reif, durch Tau und mancherlei Gewitter, die dazu geordnet und gefügt sind.

Heinrich Seuse

Im Winter ist die Gottesnähe Feuer und im Sommer Tau,
sie weiß in Überfluß zu leben und Armut zu ertragen,
sie zieht in gleicher Weise Nutzen aus Ehrungen und Verachtung,
nimmt Freude und Schmerz mit nahezu gleichgestimmtem Herzen an
und erfüllt uns mit einer bewundernswerten Milde.

Franz von Sales

Der Fotograf

Werner Richner, geboren 1948, hat Wirtschaftswissenschaft und Jura studiert, seine Leidenschaft jedoch zum Hauptberuf gemacht und ist nun seit 1982 als selbständiger Fotograf tätig. Seine Fotografien werden in europäischen, amerikanischen und japanischen Verlagen sowie in namhaften Magazinen veröffentlicht. Mit besonderer Vorliebe erarbeitet Werner Richner Portraits von Landschaften und Menschen.